CHEMIN DE FER

A VOIE SUSPENDUE

(BREVETÉ S. G. D. G.)

POUR SERVICE MÉTROPOLITAIN

ÉGALEMENT APPLICABLE

Au Service des POSTES ET TÉLÉGRAPHES, et dans les

PAYS DE MONTAGNES,

Pour le Service des VILLES D'EAUX

PAR

A. ANGELY *

INGÉNIEUR CIVIL

ANCIEN ÉLÈVE DE L'ÉCOLE CENTRALE DES ARTS ET MANUFACTURES

MEMBRE DE LA SOCIÉTÉ DES INGÉNIEURS CIVILS

PRIX : 2 FRANCS

PARIS

IMPRIMERIE ET LIBRAIRIE CENTRALES DES CHEMINS DE FER

IMPRIMERIE CHAIX

SOCIÉTÉ ANONYME AU CAPITAL DE SIX MILLIONS

Rue Bergère, 20

1884

CHEMIN DE FER
A VOIE SUSPENDUE

(BREVETÉ S. G. D. G.)

POUR SERVICE MÉTROPOLITAIN

ÉGALEMENT APPLICABLE

Au Service des POSTES ET TÉLÉGRAPHES, et dans les

PAYS DE MONTAGNES,

Pour le Service des VILLES D'EAUX

PAR

A. ANGELY *

INGÉNIEUR CIVIL

ANCIEN ÉLÈVE DE L'ÉCOLE CENTRALE DES ARTS ET MANUFACTURES

MEMBRE DE LA SOCIÉTÉ DES INGÉNIEURS CIVILS

PRIX : 2 FRANCS

PARIS

IMPRIMERIE ET LIBRAIRIE CENTRALES DES CHEMINS DE FER

IMPRIMERIE CHAIX

SOCIÉTÉ ANONYME AU CAPITAL DE SIX MILLIONS

Rue Bergère, 20

1884

CHEMIN DE FER A VOIE SUSPENDUE

Considérations générales.

Pour remédier aux inconvénients résultant de l'encombrement de nos voies publiques tout en augmentant les moyens de transport devenus insuffisants, le mode de *chemin de fer à voie suspendue* nous paraît devoir répondre aux exigences multiples d'un chemin de fer *métropolitain*. Ce mode de locomotion aérienne n'apporterait aucune gêne dans la circulation et ne serait nullement préjudiciable à la décoration actuelle de nos boulevards.

Dans la solution de ce double problème, dégagement de la voie publique et augmentation des moyens de transport, deux conditions principales doivent être exigées : obtenir la plus grande sécurité et en même temps la plus grande légèreté possible.

Le fer et l'acier se trouvent tout indiqués pour ce genre de construction, à la condition de les employer de la façon la plus rationnelle au point de vue de la résistance.

Les résultats obtenus aujourd'hui dans les constructions de ponts et de charpentes en fer ou en acier, exécutées depuis un grand nombre d'années et dans les conditions les plus difficiles, nous permettent d'accorder complète confiance à ce mode de construction qui a reçu la sanction du temps et a subi avantageusement les examens des diverses commissions nommées à cet effet.

L'étude des ouvrages importants construits en Europe et en Amérique nous a conduit à employer des *poutres armées en treillis* et à adopter une disposition dans laquelle le plus grand nombre de pièces *travaillent à la traction*. Ce principe, qui sera nôtre, a servi de base aux ingénieurs qui ont édifié les travaux si remarquables de l'Amérique, tels que : le *Pont de Pittsburg* (pont suspendu rigide), le *Viaduc de Portage*, le *Pont du Royal-Albert*, le *Pont de Quincy*.

Il fallait éviter les dispositions dans lesquelles les charges peuvent produire des moments de gauchissements sur les poutres qui les supportent. Les effets qui en résultent et qui sont si préjudiciables à l'équilibre et à la stabilité des constructions imposent, pour éviter les déformations, l'emploi d'armatures supplémentaires et des pièces très renforcées.

Ces ouvrages ainsi surchargés ont un aspect lourd ; ils sont d'une installation onéreuse et ils perdent ce caractère de légèreté qui est le propre des constructions métalliques. Dans la disposition que je présente, les poutres et la charge sont dans le même plan vertical et les colonnes ne sont soumises qu'à des efforts de compression dus à la charge et à de faibles moments de flexion au passage des trains.

Description.

Le *Chemin de fer à voie suspendue* est établi sur 2 poutres supportées en potence et à 9 mètres au-dessus du sol par une file unique de colonnes (Pl. I, fig. 1 et 2.)

Ces poutres, éloignées de $1^m,60$ de l'axe des colonnes,

servent, l'une pour la voie montante, l'autre pour la voie descendante.

Le *Chemin de roulement* est formé par 2 rails (Pl. II, fig. 3), placés sur l'aile inférieure de chaque poutre. Ces poutres sont fixées par leur aile supérieure à l'extrémité d'armatures horizontales, qui sont rivées aux colonnes à 10^{m},10 au-dessus du sol.

Dans l'intervalle compris entre deux colonnes, les poutres sont soutenues en trois points par des *tirants* fixés au sommet des colonnes (3^{m},50 au-dessus des poutres.)

Les deux poutres sont en outre reliées entre elles par des armatures transversales et obliques. Ces entretoises transversales très rigides, semblables à celles qui fixent les poutres aux colonnes, sont placées aux points d'attache, pour annihiler la composante produite par l'obliquité des tirants. La distance qui sépare les deux poutres est ainsi rendue invariable et cet entretoisement solide, qui établit la solidarité des poutres pour résister aux efforts transversaux, assure à la construction toute la rigidité nécessaire.

Les colonnes sont en tôles de 12 $^{m}/_{m}$, elles ont une hauteur de 13^{m},600 au-dessus du sol (cette hauteur est variable pour permettre de diminuer les pentes dues aux différences de niveau de terrain). Ces colonnes sont solidement fixées, sur un massif de béton, par des boulons de fondation, elles se trouvent entourées, à leur base, par une bordure de trottoir qui peut servir de refuge sur les voies où la circulation est active.

Les voitures munies d'une plate-forme à chaque extrémité, sont formées de caisses semblables à celles des tramways, elles peuvent contenir 18 personnes (10 à l'intérieur et 4 sur chaque plate-forme). Les organes de suspension sont solidement fixés à la partie supérieure de l'ossature de la caisse et à 2 bandes en fer méplat, formant lien, qui entourent la caisse (Pl. II, fig. 1).

Ces armatures reçoivent dans une rainure le coulisseau reposant sur ressorts et qui porte l'axe des roues.

Aux quatre extrémités de la caisse sont placées des *griffes* destinées à la maintenir suspendue, en cas de rupture d'un axe des roues (Pl. II, fig. 3.)

Traction.

Un chemin de fer *métropolitain* doit être exploité avec des trains légers très multipliés; les moyens de traction doivent être *puissants* pour permettre de prompts démarrages et un *trajet rapide* dans les intervalles des stations.

Le choix du mode de traction est donc une des questions les plus importantes à résoudre dans ce genre de chemin de fer.

Trois dispositions nous paraissent pouvoir en ce moment donner des résultats pratiques justifiant leur emploi; je vais les passer en revue, en signalant les avantages et les inconvénients qu'elles présentent, laissant à déterminer le choix du mode de traction qui paraîtrait devoir donner les meilleurs résultats.

Ces dispositions sont :

1° La *traction* des voitures effectuée par force transmise par *câble télodynamique*;

2° La *traction* effectuée directement par une *petite locomotive*;

3° La *traction* effectuée par *moteur électrique.*

Avant de nous occuper de chacune de ces dispositions, il est nécessaire de nous rendre compte de l'effort utile à la traction et du travail à dépenser.

Nous limiterons à trois voitures la composition de chaque train, chaque voiture contenant dix-huit personnes.

Le poids d'une voiture chargée étant 2,700 kilos, le poids à remorquer sera 8,100 kilos.

Effort de Traction.

(En Palier)

Comptant sur un effort de 6 k. par tonne en palier,

L'effort nécessaire à la traction de $8^t,1$ sera :

$$F = 8,1 \times 6 = 48^k,6.$$

Le travail pour une vitesse de 30 kil. à l'heure sera :

$$T\,m = 48,6 \times 30,000 = 1,458,000 \text{ Kgm.}$$

représentant une force en chevaux de

$$N = \frac{1,458,000}{60 \times 60 \times 75} = 5,4 \text{ chevaux.}$$

(En Rampes et Courbes)

Comptant par tonne sur un effort en courbes de . .	$4^k,5$
— — — rampes de $25^m/_m$	25
L'effort total par tonne sera de.	$29^k,5$

et pour $8^t,1$ $F' = 20,5 \times 29,5 \times 8,1 = 238^k,9$.

Le travail pour une vitesse de 10^{km} à l'heure sera :

$$T\,m = 238,9 \times 10,000 = 2,389,000 \text{ Kgm.}$$

représentant une force en chevaux de

$$\frac{2,389,000}{60 \times 60 \times 75} = 8,8 \text{ chevaux.}$$

Nous remarquons que l'effort de traction, qui en palier n'est que $48^k,6$, peut atteindre dans les conditions les plus défavorables $238^k,9$; Il y aura lieu d'en tenir compte dans l'étude définitive des organes des machines de traction.

Traction par câble télodynamique.

Le système que nous présentons consisterait dans l'emploi d'un câble unique et sans fin, disposé pour desservir l'espace compris entre deux stations éloignées de 1,000 à 1,200 mètres.

Ce câble passerait à une des extrémités sur des poulies motrices qui lui donneraient une vitesse uniforme de *35 mètres à la seconde.* (L'expérience ayant démontré que les transmissions par câble ne rendent de réels services et ne fonctionnent bien qu'autant que la vitesse est supérieure à 25 mètres par seconde.) Ce câble unique desservirait les deux voies par les brins aller et retour ; il serait supporté, toutes les deux travées (64^m), par des galets montés sur les colonnes.

Pour transmettre aux roues motrices des voitures la force transportée par le câble, nous proposons une disposition très simple, qui nous paraît devoir être employée avec succès, dans ce cas particulier et dans les transmissions analogues de force à distance, lorsque le travail à transmettre est faible, 8 à 9^{ch} et la vitesse du câble considérable, 35 mètres à la seconde.

Nous avons reconnu, plus haut, que le travail à transmettre était de 6^{ch} à 9^{ch}. L'effort tangentiel ou l'adhérence que devra exercer le câble sur la poulie chargée de transmettre le mouvement sera, en comptant sur une vitesse de 35^m à la seconde, $\frac{9 \times 75}{35}$ 18 kil.

L'effort tangentiel ou l'adhérence du câble sur la couronne de la poulie étant faible (18^k) pour obtenir ce résultat il n'est pas utile d'envelopper la poulie motrice par le câble, ce qui imposerait l'obligation de donner à cette poulie une grande dimension, afin d'éviter de faire subir au câble des courbures d'un trop petit rayon.

Le dispositif que nous proposons consiste à faire produire l'adhérence suffisante du câble, sur la poulie réceptrice, en comprimant ce câble dans la gorge de cette poulie par un galet très mobile sur son axe, c'est ce galet qui soulève le câble et qui l'applique contre la gorge de la poulie. La simplicité des organes de transmission permet de les placer sur une voiture à voyageurs, qui pourrait elle-même en remorquer deux autres ; un conducteur serait chargé de la manœuvre du levier qui fait mouvoir le galet de tension.

Nous avons dit que le *Chemin de fer métropolitain* imposait la traction établie avec des moyens puissants ; la transmission de la force par *câble télodynamique* répond à ces conditions. Un câble animé d'une vitesse de 35 mètres par seconde, serait capable, avec une faible section, de transporter une grande quantité d'énergies (100 ou 120 chevaux), ce qui pourrait permettre à 10 trains, composés chacun de 3 voitures de prendre sur ce câble l'énergie nécessaire à leur mouvement. L'emploi de cette disposition nous paraît devoir donner des résultats très satisfaisants. Elle doit être l'objet d'un examen sérieux dans le mode de traction à préférer.

Traction par locomotive.

La locomotive doit avoir la force de se remorquer elle-même et les 3 voitures de voyageurs qui exigent une force de 6 à 9 chevaux. Pour avoir un excès de force et pour assurer une bonne marche, nous emploierons des machines de la force de 12 chevaux.

Les machines seraient très légères, leur poids ne dépasserait pas 3,000 kilos.; l'adhérence serait néanmoins très suffisante pour remorquer les 3 voitures qui exigent un effort maximum de 239 kilos., car si nous adoptons le coefficient le plus défavorable 1/6, nous pourrions produire avec ces machines un effort de traction de $\frac{3.000}{6} = 500$ kilos.

Dans le cas particulier d'un chemin de fer métropolitain et malgré l'emploi presque général de la locomotive, nous ne croyons pas devoir en recommander l'usage à cause des inconvénients suivants :

1° *Difficultés* pour les *approvisionnements* (charbon et eau);

2° *Chute des escarbilles sur le parcours ;*

3° *Bruit de l'échappement ;*

4° *Fumée.*

Il est vrai que, dans les dernières locomotives construites pour cet usage, on a cherché à parer à ces inconvénients, mais on n'y est pas parvenu d'une façon complète et nous devons en tenir compte dans une certaine mesure.

Traction par moteur électrique.

Les résultats récemment obtenus par l'électricité permettent aujourd'hui aux *moteurs électriques* de concourir pour cette application spéciale, car les essais faits récemment au *Chemin de fer du Nord* ont donné des résultats réellement *pratiques.*

Tout d'abord, l'emploi des rails comme conducteurs se présente à l'esprit; mais bien qu'il paraisse à première vue facile de les isoler en les faisant reposer sur un corps non conducteur, ce résultat s'obtient difficilement en pratique, à cause des nombreux boulons servant à les fixer sur les semelles, ces boulons devraient aussi être isolés, et par suite multiplieraient les chances de déperdition du courant.

Désirant nous mettre dans les conditions les plus favorables, nous proposons d'employer pour l'arrivée du courant un câble spécial, placé hors d'atteinte des voyageurs; le retour s'effectuerait par la partie métallique du viaduc.

Le moteur (Pl. II, fig. 2) se composerait d'une machine réceptrice placée sur le plafond d'un wagonnet, l'arbre prolongé de cette machine porterait 2 pignons engrenant avec la couronne dentée d'une roue intermédiaire donnant elle-même le mouvement aux 4 roues motrices qui seraient ainsi rendues solidaires pour augmenter l'adhérence.

La machine *dynamo-motrice* pourrait être soit une machine type Gramme, soit une machine d'un fonctionnement analogue, dans laquelle les balais en se déplaçant amènent le déplacement des polarités sur l'anneau fixe. Le calage des balais faisant varier la vitesse de la machine, il suffit de changer ce calage pour arrêter et changer le sens du mouvement.

Ce changement de calage peut s'obtenir avec un dispositif analogue au levier de changement de marche des locomotives, le levier serait guidé par un secteur portant des crans correspondant aux différentes marches avant et arrière.

L'application de l'électricité à cette disposition de chemin de fer pour transmettre la force motrice nécessaire à la traction nous paraît devoir donner les meilleurs résultats pratiques, les machines électriques qui doivent être employées étant légères et très faciles à faire mouvoir.

Si nous comparons les résultats de la traction par moteur électrique avec ceux de la traction par locomotive, nous devons tenir compte, pour être dans des conditions identiques, du supplément de travail qu'il est nécessaire de dépenser pour la traction de la machine à vapeur froide et des approvisionnements ; le rendement de la traction par locomotive à vapeur se trouve ainsi diminué environ de 1/4 ou 1/3.

Devis estimatif.

Prix de la partie métallique d'une travée à deux voies :

Poids d'une colonne avec ses armatures	2.175^k
— des poutres, chacune 3,615 ; les 2.	7.230
— des tirants.	3.250
— des armatures et entretoises	2.100
Le poids total d'une travée de 32 mètres	14.755^k

— par mètre sera $\frac{14\,755}{32} = 461$ kilogr.

Le prix par mètre courant, comptant à 55 0/0 les 0/0,

461 × 0.55 = 253 fr. 05

soit pour la partie métallique par kilomètre Fr. 253.500 »

Prix des fondations.

Pour une colonne 600 fr.

Par kilom. 600 × 32 = 20.000 »

Prix total par kilomètre . . . Fr. 273.500 »

Gares et stations.

Le but d'un *Chemin de fer métropolitain* étant de débarrasser la voie publique, il serait peu judicieux de songer à établir les *stations* sur la voie même qui alors se trouverait encombrée par les voyageurs amenés par le chemin de fer et par ceux qui attendent le départ.

Les stations devant être couvertes, nous les établirons dans une des maisons latérales ; une passerelle légère et bien décorée servira de communication avec les voitures.

Aux têtes de ligne, la voie se rapprocherait de l'immeuble choisi et pourrait même partir de l'intérieur.

Applications.

Le *Chemin de fer à voie suspendue* que je viens de décrire, reçoit son application la plus rationnelle dans les villes pour le service des voyageurs. Il peut s'établir sur la voie existante sans nuire à la circulation et sans causer de préjudice, à la *perspective* ni à la *décoration de nos voies publiques*.

Parmi les lignes qui, à Paris, paraissent nous donner les résultats les plus rémunérateurs, nous citerons :

1° La ligne qui desservirait *Vincennes, Saint-Mandé* en partant de la place de la République ;

2° Une ligne desservant le *bois de Boulogne*, le *Jardin d'acclimatation* en passant soit par les quais, soit par les avenues latérales des Champs-Élysées;

3° Une ligne des boulevards;

4° Une ligne transversale.

Le chemin de fer à voie suspendue serait encore employé avec avantage dans *les pays de montagnes* pour desservir les *villes d'eaux*. Les routes qui conduisent à ces villes sont généralement établies dans les gorges des montagnes; le talweg servant de lit au torrent, la route est placée sur le versant de la montagne, il serait facile de trouver, soit sur la route même, soit sur le versant, les assises des colonnes, distantes de 30 à 40 mètres. Nous citerons comme applications répondant à des besoins urgents, une ligne desservant *Cauterets, Pierrefite, la Rallière, les Eaux-Bonnes, etc.*

Dans ce cas l'emploi de l'électricité comme *force* motrice se recommanderait tout particulièrement dans ces *pays de montagnes*, car il n'y aurait pas lieu de tenir compte du rendement. Les puissantes chutes d'eau dont on dispose pouvant fournir, de la façon la plus économique, aux machines génératrices, toute la force motrice nécessaire à la traction.

Le chemin de fer à voie suspendue recevrait encore une heureuse application, mais avec des proportions réduites, pour le service des *postes et télégraphes* dans Paris. L'Hôtel des Postes, étant relié par cette disposition de chemin de fer, aux bureaux secondaires et aux gares, pourrait expédier et recevoir des colis du poids de 100 à 200 kilogrammes.

Nous pensons que cette solution donnerait satisfaction au service si important des postes et télégraphes.

La *légèreté* du système ci-détaillé, son *faible prix d'installation* justifieraient son emploi dans les grandes villes pour satisfaire aux exigences d'une circulation rapide, pour un trafic analogue, mais bien plus important que celui des tramways.

L'inconvénient du bruit, produit par les vibrations dues aux passages des trains, ne serait nullement à craindre ; en raison de la grande simplicité de construction de l'ossature métallique, et de l'absence de tablier.

A première vue, ce système (comme toute innovation) peut faire naître des appréhensions pour la sécurité des voyageurs. Un examen attentif montre la *simplicité* du projet, composé de pièces principalement soumises à la *traction*, qui travaillent dans des conditions des plus favorables à la résistance et assurent toute la *solidité désirable*.

Les appréhensions dues à la hardiesse de construction du pont de Pittsburg, des chemins de fer de Leopoldsberg, de la Croix-Rousse, du Righi, n'ont pas été justifiées, il en sera de même du projet présenté qui, en outre des avantages offerts par son *style* et par sa *légèreté*, a celui de n'employer que le minimum de métal et par suite d'assurer à l'entreprise des *résultats rémunérateurs* en raison de son faible prix d'installation.

A. ANGÉLY,
Ingénieur civil.

IMPRIMERIE CHAIX, 20, RUE BERGÈRE, PARIS. — 18694-8.

CHEMIN DE FER A VOIE SUSPENDUE

Système A. ANGÉLY. Bté S.G.D.G.

Fig. 1.

Élévation.

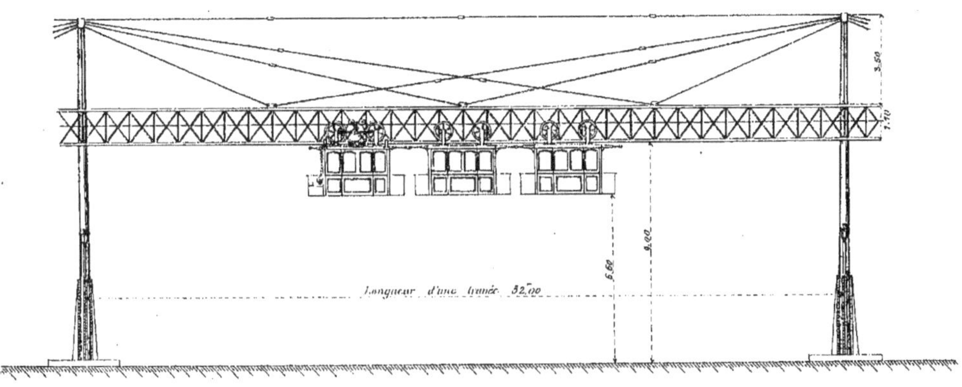

COUPE TRANSVERSALE D'UN BOULEVARD

Fig. 2.

Profil

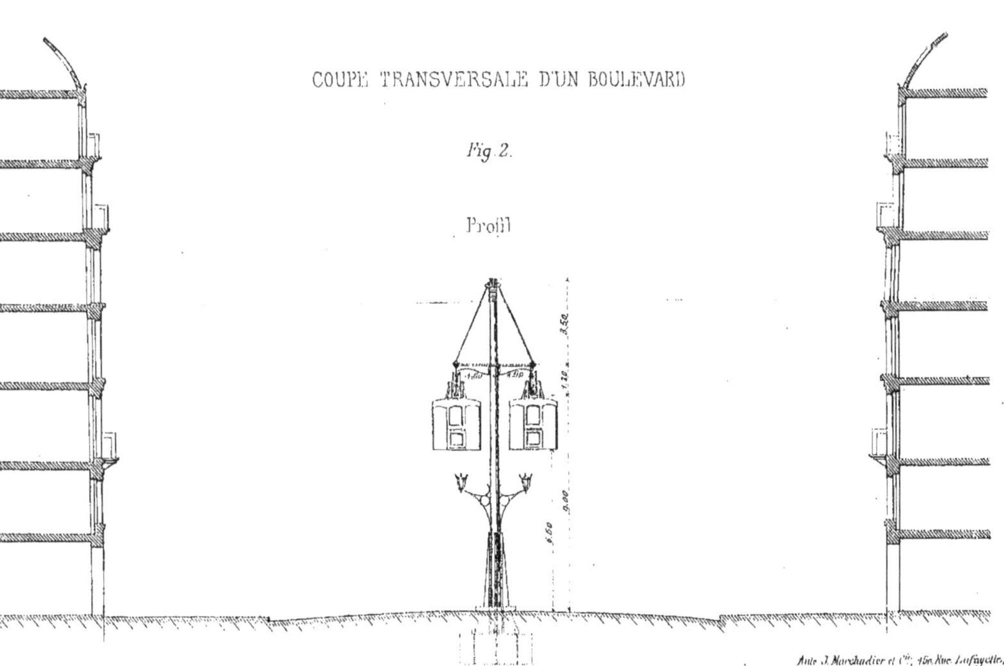

Auto J. Marchadier et Cie, 150, Rue Lafayette, Paris.

CHEMIN DE FER A VOIE SUSPENDUE

Système A. ANGÉLY B[té] S.G.D.G.

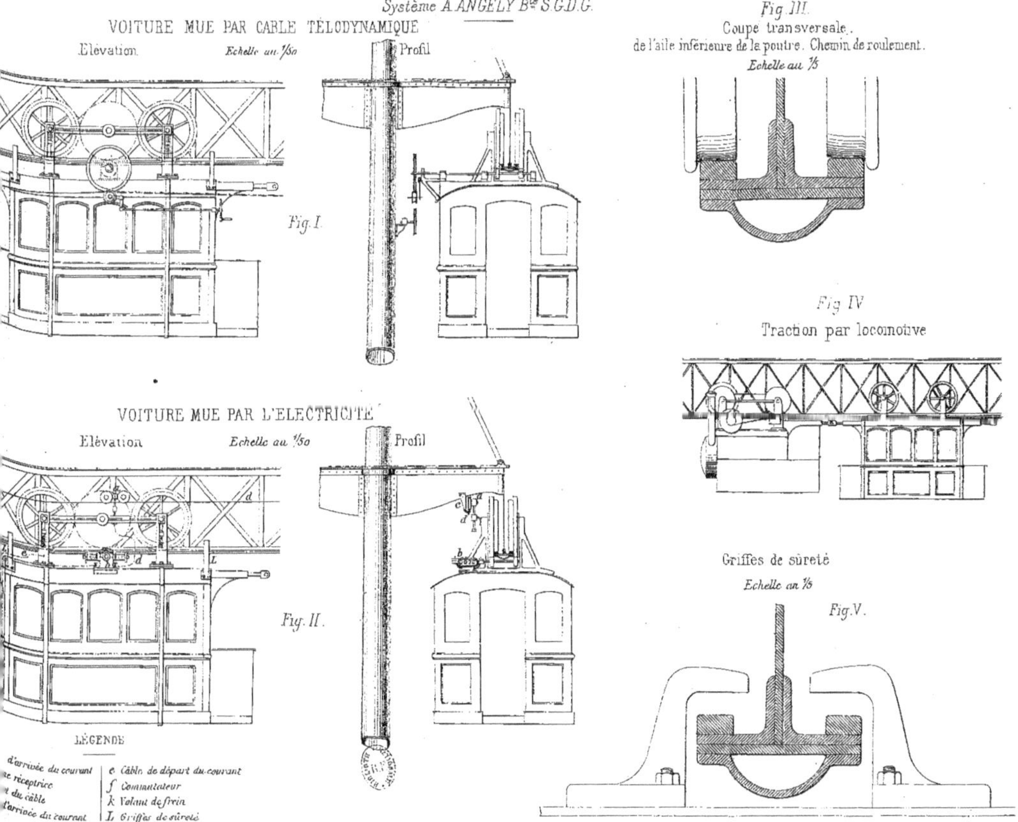

Vue du chemin de fer à voie suspendue établi sur un boulevard.

IMPRIMERIE CENTRALE DES CHEMINS DE FER. — IMPRIMERIE CHAIX.
RUE BERGÈRE, 20, PARIS. — 18694-4.

www.ingramcontent.com/pod-product-compliance
Lightning Source LLC
LaVergne TN
LVHW010314230826
846091LV00007B/3147

* 9 7 8 2 0 1 9 2 3 3 3 2 7 *